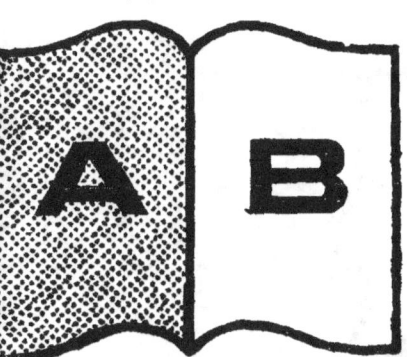

Contraste insuffisant
NF Z 43-120-14

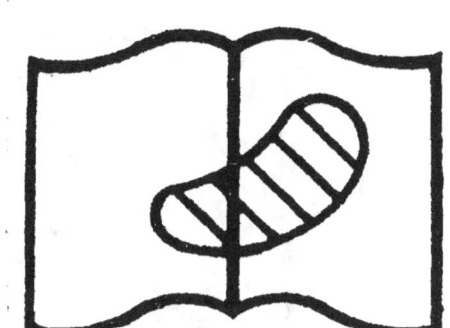

Illisibilité partielle

Valable pour tout ou partie
du document reproduit

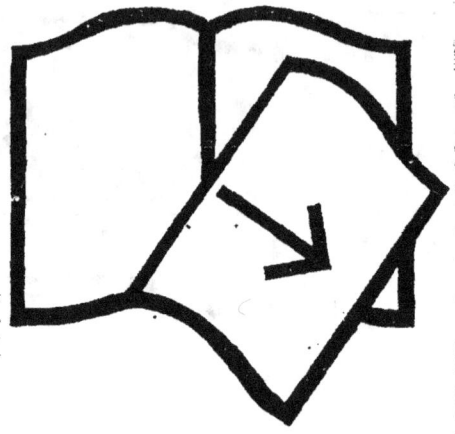

Couverture inférieure manquante

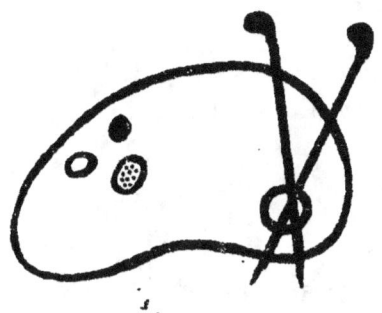

Original en couleur
NF Z 43-120-8

LE
COLISÉE DE LILLE

ÉTUDE HISTORIQUE ET DESCRIPTIVE

PAR

L. QUARRÉ-REYBOURBON

OFFICIER DE L'INSTRUCTION PUBLIQUE
MEMBRE DE LA SOCIÉTÉ DES SCIENCES, LETTRES ET ARTS DE LILLE
CORRESPONDANT DU COMITÉ DES SOCIÉTÉS DES BEAUX-ARTS
DES DÉPARTEMENTS

LILLE
L. QUARRÉ, LIBRAIRE-ÉDITEUR
GRANDE-PLACE, 64
—
1896

à Monsieur Léopold Delisle, administrateur général de la Bibliothèque nationale, hommage dévoué de l'auteur
Quarré-Reybourbon

LE COLISÉE DE LILLE

Ce mémoire a été lu à la réunion des Sociétés des Beaux-Arts des départements, à l'Ecole des Beaux-Arts, dans la séance du 7 avril 1896.

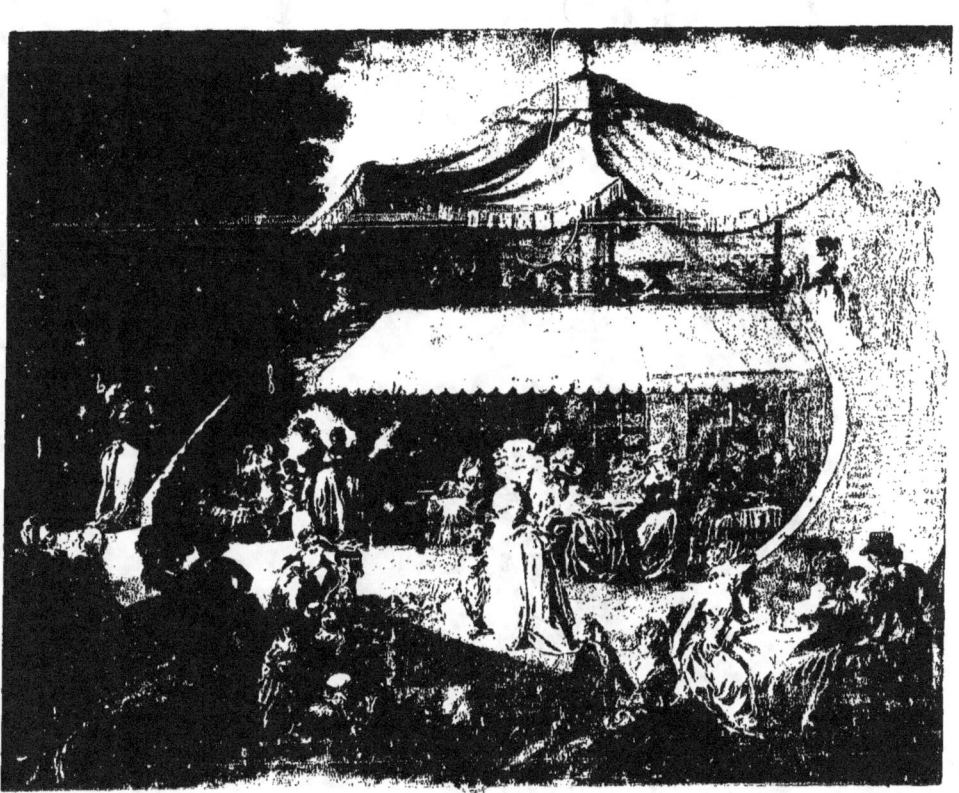

UNE FÊTE AU COLISÉE
d'après un tableau de François Watteau, du Musée de Lille.

LE
COLISÉE DE LILLE

ÉTUDE HISTORIQUE ET DESCRIPTIVE

PAR

L. QUARRÉ-REYBOURBON

OFFICIER DE L'INSTRUCTION PUBLIQUE
MEMBRE DE LA SOCIÉTÉ DES SCIENCES, LETTRES ET ARTS DE LILLE
CORRESPONDANT DU COMITÉ DES SOCIÉTÉS DES BEAUX-ARTS
DES DÉPARTEMENTS

LILLE
L. QUARRÉ, LIBRAIRE-ÉDITEUR
GRANDE-PLACE, 64
1896

LE COLISÉE DE LILLE

La Société frivole et sensuelle de la seconde moitié du dix-huitième siècle se plaisait, à l'exemple de la cour de Versailles et des grands seigneurs, à créer des centres de réunion pour les fêtes et les plaisirs.

Edifices, ornementation, statues, jardins, dénominations, tout, dans ces lieux de plaisir, rappelle le goût et les idées qui dominaient à cette époque. Dans les constructions, les architectes s'inspirent des monuments de l'antiquité et de la renaissance ; mais leurs œuvres ne sont qu'une aimable réminiscence ou plutôt une dégénérescence des maîtres d'autrefois.

L'ornementation révèle une velléité d'imiter un genre de décoration gréco-romaine, que la récente découverte des ruines de *Pestum* et de plusieurs villes de la Sicile avaient mises à la mode ; elle accuse surtout l'influence de l'école du peintre Boucher et de ses « Amours aux figures nourries de roses, » comme on disait alors. Par un contraste qui est bien dans la nature des choses, cette époque où régnait l'afféterie et la mignardise, faisait parade de goût pour les bois et les champs, pour les bergers et les bergères.

Les jardins alignés dits à *la française* avaient été remplacés par des parcs affectant le pittoresque, où se voyaient des ruines, des montagnes, des rochers et des rivières factices avec des pyramides et des grottes et, çà et là, des bergeries et des laiteries, comme celle de Trianon, ou de jolies guinguettes avec enseigne, le tout peuplé des statues de Vénus, d'Hébé et d'Antinoüs et portant les noms de Gnide, d'Amathonte et de Paphos.

En mai 1771, avait lieu à Paris, à l'extrémité des Champs-Élysées, près du Faubourg Saint-Honoré, l'ouverture d'un centre de réunion du genre de ceux dont nous venons de parler, où se donnaient des fêtes et des bals qui eurent, durant plusieurs années, beaucoup de vogue. On appelait ce lieu de plaisir le *Colisée*.

La capitale de la Flandre voulut avoir aussi son *Colisée*. Le prince de Soubise, gouverneur de la province, projeta, avec quelques personnes de Lille, de créer dans cette ville un centre de réunion, avec jardins plus vastes que ce qui existait à Paris. Une compagnie fut formée; elle acheta des terrains vagues, prairies coupées de fossés et de mares d'eau, qui s'étendaient de l'écluse de la Barre, en suivant la rive gauche de la Deûle, vers le Grand Tournant, entre la rivière et les glacis de la citadelle. Un jeune architecte venait d'arriver à Lille, précédé d'une grande réputation : c'était François Verly. Le prince de Soubise le chargea de la construction du *Colisée Royal*; il lui donna carte blanche, l'autorisant à se laisser aller à toutes les fantaisies de son imagination. Un million fut dépensé : onze mois après, en juin 1787, le *Colisée* de Lille, ordinairement désigné sous le nom de *Colisée Royal* ou du *Pont de Canteleu* était créé, avec sa rotonde, ses guinguettes et ses vastes jardins. Il fut cité comme supérieur au *Colisée* de Paris. Sa vogue fut immense : « Moyennant trente sous et pourvu qu'on ne fut ni en

» blouse ni en casquette, on était admis dans ce lieu
» de délices. » Mais le succès du *Colisée* lillois fut bien
éphémère. Deux ans après son ouverture, l'agitation
politique succédait au mouvement vers les plaisirs.

En 1792, tous les édifices et toutes les plantations du
Colisée furent détruits pour rendre plus facile la défense
de la citadelle, lorsque la ville fut bombardée par les
Autrichiens. Il ne reste aujourd'hui que quelques vestiges
des constructions et des promenades, qui se trouvent dans
le château et les vastes jardins de Mme Groulois, à Canteleu.

Le souvenir et même le nom du *Colisée* sont de nos
jours presque complétement effacés dans la mémoire des
habitants de Lille.

Au Musée se voit, sous le n° 419, un tableau du
peintre François Watteau qui rappelle sous le titre :
Une fête au Colisée, l'époque brillante de ce lieu de
réunion. M. Hippolyte Verly en a dit quelques mots
dans *la Vie et les Œuvres de François Verly*[1]. Dans
le tome quatrième de l'*Histoire de Lille*, par M. Victor
Derode (Chapitres complémentaires [2]), se lit une courte
description du *Colisée* de Lille, dont les détails paraissent
avoir été donnés par un témoin oculaire. M. Chon l'a
rappelé dans ses *Promenades lilloises* [3].

---

1. *La Vie et les Œuvres de François Verly, architecte honoraire de Napoléon Ier, professeur honoraire de l'Académie royale de Bruxelles, membre du Collége des Philalithes et de la Société des Sciences, de l'Agriculture et des Arts de Lille*, par Hippolyte Verly, rédacteur de l'*Echo du Nord*. Lille, 1869, in-8°, figures et portraits.

2. *Histoire de Lille*, par Victor Derode, tome IV. *Chapitres complémentaires suivis de Souvenirs lillois*. Lille, 1877, in-8°, portrait.

3. *Vraie France*, n° du 16 mai 1887. — *Promenades lilloises*, par F. Chon, ancien professeur d'histoire, chevalier de la Légion d'honneur, in-12, 1888, figures.

Cette pénurie de documents donne plus d'importance et d'intérêt à une pièce imprimée, datant de juin 1787, qui est conservée dans notre collection lilloise. Elle mérite d'être connue non-seulement parce qu'elle présente une description très détaillée d'un monument qui fut fréquenté par l'ensemble des habitants de Lille durant quelques années, mais aussi parce que l'esprit et le style dans lesquels est conçue cette description, présente une image exacte de ce qu'était la Société française à la veille de 1789.

Plutôt que de reproduire le document *in extenso*, ce qui pourrait être fastidieux pour le lecteur, nous appelons l'attention sur un certain nombre de passages qui sont de nature à bien faire connaître l'esprit du dix-huitième siècle et que nous citons textuellement.

L'auteur de ce document débute par une longue tirade dans laquelle il émet des théories générales, plus ou moins contestables, pour en arriver à la création de ce qu'on appelait déjà alors un *jardin anglais*.

« Les arts et les sciences sont tous enfants du génie,
» ils sont tous inséparablement attachés ; de là vient
» qu'il faut, pour exceller, que le peintre, que le sculp-
» teur soit poëte, le poëte peintre, le musicien l'un et
» l'autre. L'architecte de même possédant théoriquement
» tout le système des arts, en les plaçant avec goût, il
» fait par une heureuse économie jetter la variété et
» répandre un charme durable sur ce qu'il invente.
» Pour l'homme de goût, un terrain uniforme et nivelé
» est toujours insipide et monotone, il aime à voir la
» nature dans toute son aspérité, il aime à la contempler

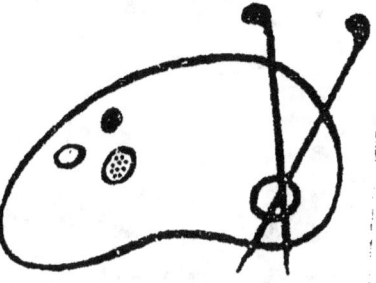

Illustrations en couleur

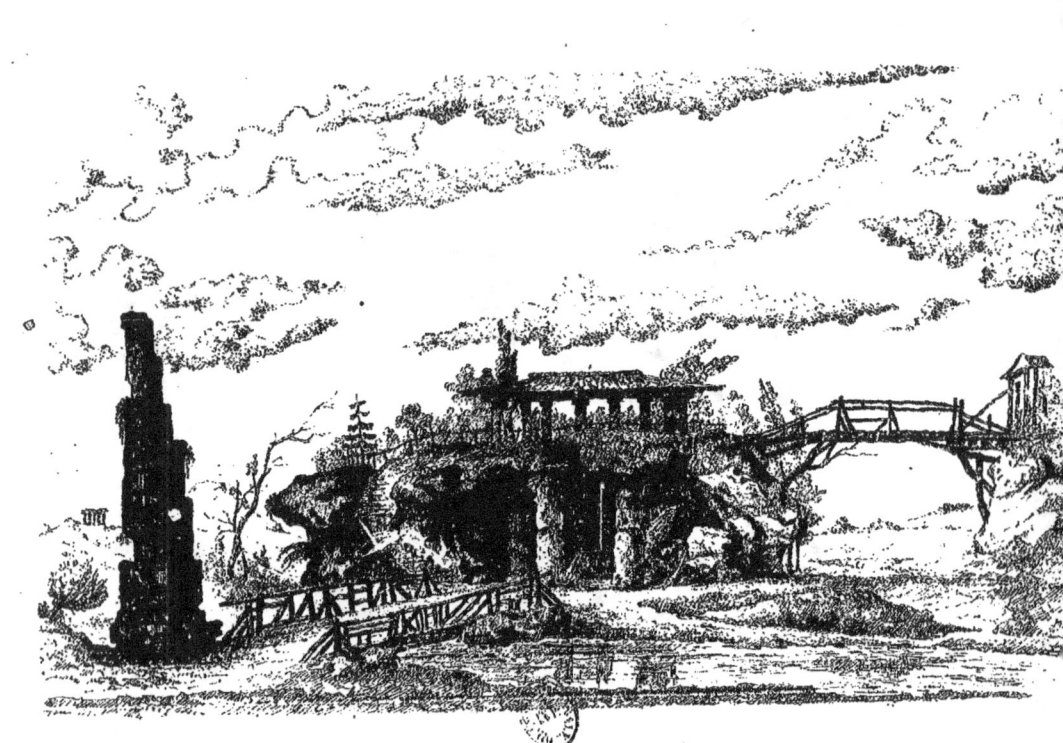

VUE DES JARDINS DU COLISÉE
d'après une aquarelle de François Verly.

» dans ses variétés et dans les sites qu'elle se plait à
» former. »

Dans cette pièce qui nous semble bien n'être qu'un prospectus auquel on a voulu donner une apparence littéraire, l'éloge du *Colisée* était obligatoire. Et on le trouve en effet aussi complet que possible dans le passage suivant :

« Nous avons annoncé le *Colisée*, ou *jardin anglais*
» comme un chef-d'œuvre; en effet, nous ne pouvons
» rien dire qui ne soit au-dessous du mérite que les
» amateurs des arts y trouveront. L'ensemble, la pré-
» cision des détails, le caractère de chaque chose, leur
» parfaite exécution; les situations pittoresques; l'élégance,
» le charme inconcevable répandu dans tous les objets.
» Ce monument précieux, dû en partie à l'amour des
» arts, est le premier qui se soit conçu et exécuté dans
» une province. Bordeaux, Lyon, Marseille, Paris,
» Londres même n'offrent point d'exemples de jardins
» pittoresques de cette élégance et de cette variété, qui
» ne laisse jamais refroidir le spectateur. L'homme frivole
» voit à chaque instant s'y multiplier ses plaisirs. »

La seconde moitié du dix-huitième siècle était le triomphe de ce qu'on appelait la philosophie. Il fallait, même dans un lieu de plaisir, faire une large part à cette idée :

« L'observateur philosophe y trouve des détours
» solitaires et couverts d'ombrages, où il peut promener
» ses douces rêveries. Porte-t-il son attention sur un
» temple, à l'instant même la poésie enchanteresse
» rappelle dans sa mémoire que la mère des Amours en

» avait de semblables à Gnide, à Amathonte, à Paphos.
» Veut-il s'arrêter à des idées riantes, ses regards
» rencontrent un papillon qui les lui fait abandonner;
» ce dernier objet fait place à un autre : c'est la
» distribution des canaux dont les rives fleuries rappellent
» ce que les poëtes nous ont dit de plus séduisant des
» bords de Méandre et de Lignon. »

La sensiblerie n'a jamais été aussi en vogue qu'à cette époque, qui devait être bientôt suivie par les sombres jours de la Terreur. Voici ce qu'on trouve à ce sujet :

« On apperçoit une isle bordée de peupliers au milieu
» desquels est un tombeau, mais qui ne rappelle que des
» idées consolantes; les cœurs sensibles entourés de
» toutes parts dans cet Elisée, du bruit des fêtes et
» des concerts, se rappelleront un père, un ami, une
» épouse chérie : ils payeront, en passant, le tribut à la
» mémoire de ceux qui leur furent chers. Remplie de
» cette idée, l'imagination fera en ce séjour enchanté
» un autre Ermenonville, où repose un autre Rousseau.
» La *statue de l'amour* silencieux que l'on y voit placée
» semble dire : *Chut, il repose, n'éveillez pas notre ami.*
» Ainsi le célèbre Poussin dans un tableau au milieu des
» jeux folâtres et des danses de bergers, mit un tombeau
» avec cette touchante inscription : *Et moi, je fus aussi*
» *bergère en Arcadie.* Placer un tombeau dans un lieu
» où l'on se livre aux plaisirs, à la joie, l'idée en est
» sublime! rien ne saurait l'égaler.... C'est au Poussin
» qu'on le doit. »

L'Amour ne pouvait manquer dans ce lieu, dans ce jardin. Quelques lignes lui sont consacrées.

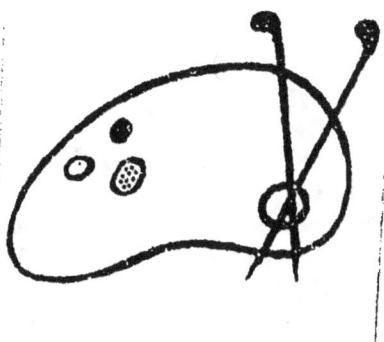

Illustrations en couleur

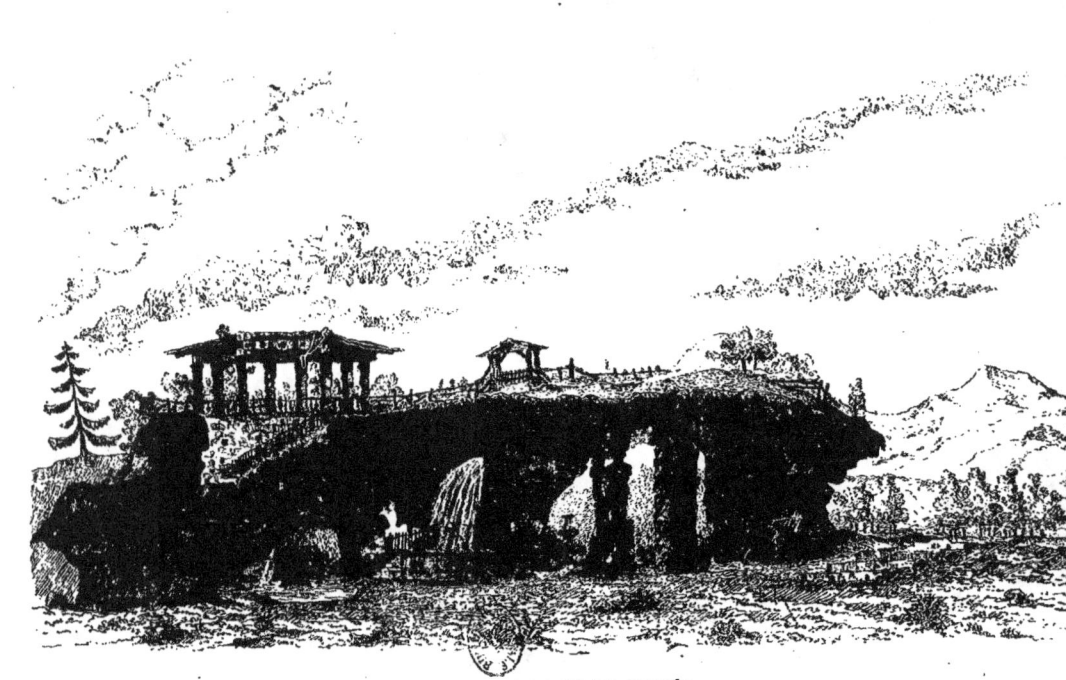

VUE DES JARDINS DU COLISÉE
d'après une aquarelle de François Verly.

« Sur la gauche est un petit bois rempli d'une infinité
» de petits chemins sinueux, à travers lesquels on ren-
» contre une statue de l'Amour; et ce n'est pas sans
» peine que l'on arrive aux pieds de ce dieu presque
» méconnu aujourd'hui, il semble s'être lui-même relégué
» dans cette retraite obscure et paisible, où les vrais
» amans, sans l'y appercevoir encore, devineront qu'il
» doit y être et iront lui adresser leurs soupirs et leurs
» vœux. »

La rotonde et la salle de bal devaient être décrites avec un soin tout spécial :

« C'est là que l'on brûle de parcourir en détail la
» grande rotonde du Colisée : elle est soutenue par des
» colonnes pratiquées dans une grotte très fraîche dont le
» grand bassin baigne l'entrée ; au milieu de cette grotte
» est un rang de colonnes entourées par la base d'un
» treillage que garantit la verdure et les fleurs placées
» dans les entre-colonnements. Au centre de cette grotte
» est un bassin d'où s'élève un piédestal surmonté de
» trois figures pasiatides soutenant une grande coupe
» qui jette l'eau en nappes dans le bassin, ce qui en
» répandant une douce fraîcheur, forme le murmure le
» plus agréable. C'est en cet endroit que l'on rejoint
» le simulacre d'Hébé, dédié à la jeunesse : statue connue,
» mais fort belle et d'un superbe travail. Cette jeune
» déesse placée près d'un grand sallon de bal semble
» présider aux fêtes et présenter la coupe aux amans
» du plaisir.

» Après avoir vu l'extérieur de la rotonde on y entre,
» soit par les degrés qui s'élèvent au-dessus de l'entrée
» de la grotte et qui laissent en avançant un intervalle

» entr'elle et le rocher, soit du côté du jeu de bague
» par un vaste perron circulaire. Cette salle de bal de
» forme ronde, est immense et magnifiquement décorée.
» Éclairée largement dans le milieu du plafond : elle
» reçoit encore la lumière de toutes les croisées. Tous
» les panneaux montans sont en glaces décorées par des
» bordures de touffes de fleurs. Les cintres des croisées
» et des portes sont ornés de draperies et de franges,
» artistement retroussées le long des panneaux de glaces
» qui vont se terminer en arabesques au-dessus de la
» corniche. Partout la peinture se montre d'une manière
» digne d'elle. »

Les arbres et les plantations ne pouvaient être oubliés à une époque où l'on parlait d'autant plus de la nature qu'on était plus éloigné d'elle en tout ce qui touchait l'ornementation. L'auteur leur donne une page :

« Un autre objet bien intéressant que nous ne nous
» pardonnerions pas d'avoir oublié, ce sont les planta-
» tions, qui sont presque toutes étrangères et dont
» quelques-unes sont rares. Elles ont un autre mérite,
» c'est d'être parfaitement bien distribuées. On y trouve
» le peuplier d'Italie, le sapin dans ses différentes
» espèces et de divers climats, le pin, le marronnier
» de Lyon, l'orme gras d'Hollande, le laris, le platane
» du Nord, le platane du levant, le corrétier, le syco-
» more, le cornouiller, l'ébène, le prunellier, le tilleul
» hollandais, l'arbre de Judée, le mérisier, l'épine rouge,
» l'accasia rouge, le filaria et une infinité d'arbustes dont
» nous ne nous rappellerons pas les noms. Malgré
» l'étendue, la variété, la multiplicité des objets, leur
» parfaite exécution qui semble ne laisser rien à désirer

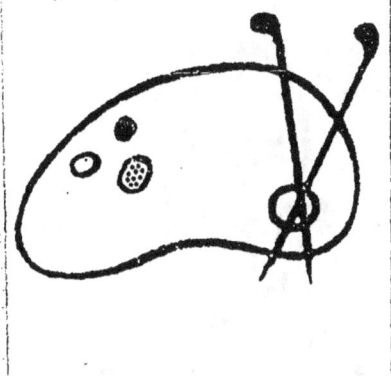

Illustrations en couleur

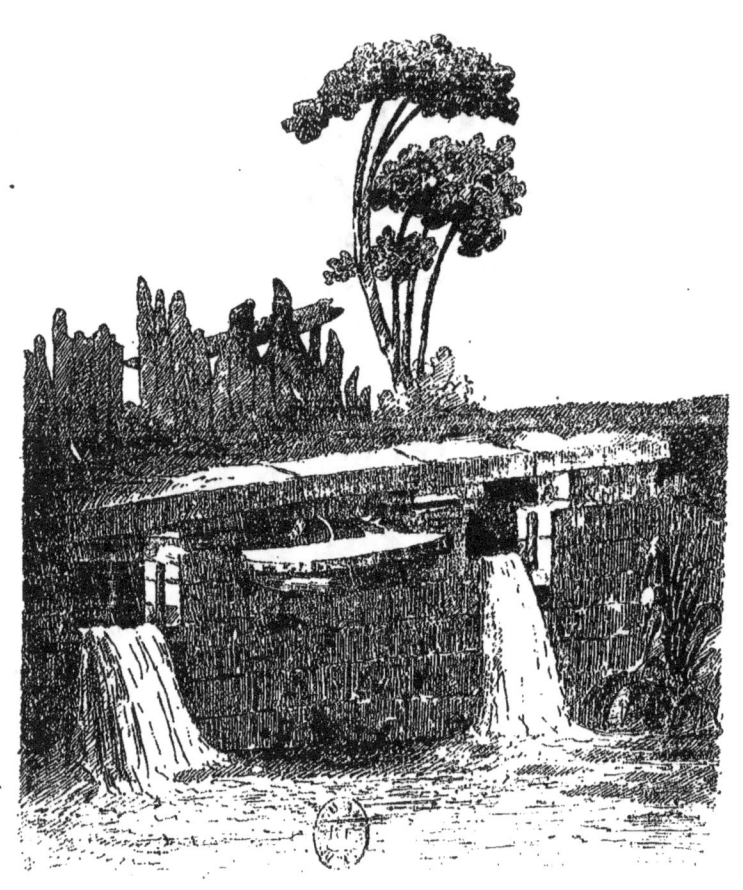

VUE DES JARDINS DU COLISÉE
d'après une aquarelle de François Verly.

» dans une aussi belle partie de terrain, les projets
» sont de l'étendre encore si l'encouragement succède
» et vient appuyer les difficultés de l'entreprise. »

Enfin, il fallait finir par l'éloge des architectes et des peintres. Tout un passage lui est consacré :

« Nous sommes bien persuadés que cet établissement
» fera infiniment d'honneur à cette province et à ceux
» qui en ont appuyé avec tant d'énergie l'exécution.
» Tout s'est fait sur les dessins et sous l'égale direction
» de *MM. Biarez* et *Verly*. Ces deux jeunes artistes
» estimables, qui ont fait une étude particulière de la
» bonne architecture dans le style des anciens, méritent
» les plus grands éloges des gens de goût et des vrais
» connaisseurs qui verront ce chef-d'œuvre ; enfin,
» tous les coopérateurs des différents genres se sont
» parfaitement entendus, et la partie de la peinture
» traitée par MM. Joinnot et Vallin, peintres de Paris,
» ne mérite pas moins des éloges. »

L'aspect des lieux où se trouvait autrefois le Colisée a complétement changé. Plusieurs établissements industriels donnent aujourd'hui le mouvement et la vie au Pont de Canteleu. Toutefois, c'est encore pour la ville un lieu de délassement.

Il y a quelques années, le Conseil municipal de Lille a voté l'établissement de la promenade du *Bois de la Deûle,* sur les glacis situés de la porte Saint-André à celle de la Barre, derrière la Citadelle. En exécutant ce travail, l'architecte a su profiter des accidents de terrain des fortifications et tracer savamment des chemins au milieu de bosquets d'arbres.

Plus tard, la société hippique a créé sur les terrains

contigus un champ de courses, qui est un des mieux aménagés de la contrée.

La promenade et le champ de courses ont amené la construction de quelques guinguettes et l'établissement de jardins avec chalets. En outre la spéculation a su tirer parti des terrains du voisinage : plusieurs maisons de campagne y ont été élevées, ainsi qu'un vélodrome.

La vitalité actuelle du Pont de Canteleu sera plus durable que le mouvement éphémère produit il y a un siècle. Elle provient d'abord de l'industrie, du travail et ensuite de délassements qui sont bien différents de ceux du dix-huitième siècle.

DÉTAILS COMPLÉMENTAIRES

Nous trouvons dans un petit volume, intitulé : les *Lunes du Cousin Jacques*, édité en 1787 [1], les vers suivants composés à l'occasion de l'inauguration du Colisée, précédés de quelques mots de l'auteur que nous reproduisons textuellement :

« Invité à l'inauguration du nouveau *Colisée* de
» cette ville (Lille) par la Société des artistes qui l'ont
» créé, j'ai cru devoir, en bon parent, et même en
» connaisseur, payer mon tribut d'éloges à ce nouvel

---

1. *Les Lunes du Cousin Jacques*, seconde année. Paris, chez Lesclapart, libraire de Monsieur, frère du roi, rue du Roule, n° 11, près du Pont-Neuf, 1787, 192 pages, in-18.

» établissement, vraiment digne de l'admiration des
» étrangers. »

> Les arts ont dit à la nature :
> « La main du goût nous servira
> » A vous orner d'une parure
> » Qu'à Paris même on enviera,
> » Chez vous le Lillois, sur nos traces,
> » Viendra promener ses loisirs,
> » Et le séjour de ses plaisirs
> » Sera le *rendez-vous des grâces.*
> » Sur maint joli minois flamand
> » L'Amour reconnaîtra sa mère
> » Et l'Amour, dupe à tout moment,
> » Prendra Canteleu pour Cythère. »

A part le beau tableau de François Watteau qui se trouve au Musée de Lille, nous n'avons jamais rencontré de gravures reproduisant le *Colisée de Lille.* Désirant pour compléter notre travail, reproduire les dessins qui pourraient encore être conservés, nous avons cru devoir nous adresser aux personnes qui peuvent encore les posséder, à M. Hippolyte Verly, petit-neveu de l'architecte Verly et à la famille de Mme Groulois, propriétaire du terrain sur lequel s'élevaient les bâtiments et les jardins de ce lieu de plaisance.

M. H^{te} Verly a eu l'obligeance de nous communiquer trois aquarelles de François Verly, que nous reproduisons d'après les dessins à la plume exécutés par M. A. Duponchelle. A l'envoi de ces aquarelles était jointe la lettre ci-dessous :

« Voici les trois seuls croquis du Colisée qui me
» restent. Les autres ainsi que les plans ont dû être
» détruits inconsciemment, par moi, dans l'énorme

» holocauste de vieux plans et papiers de famille que j'ai
» fait avant de quitter la rue de la Barre. »

M. Ory-Groulois nous a gracieusement envoyé une photographie du dernier vestige qui reste du *Colisée* en y joignant les renseignements suivants :

« Ce fut un commissionnaire de Lille, Pierre-Alexandre
» Muiron qui acheta le 9 mai 1777 la ferme de la Petite
» Pecquerie appelée aussi du nom de ses anciens maîtres :
» *Ferme des Jésuites*, pour y établir le *Colisée Royal*.

» Il revend après le siége de Lille, le 19 octobre 1793,
» tout un terrain nommé le *Colisée* avec tous les bâtiments,
» toutes les décorations et généralement tous les meubles
» et effets qui s'y trouvent à la citoyenne Rose Laga,
» rentière à Lille.

» Cette propriété passa ensuite entre les mains des
» familles Ingiliard de la Bretaigne, Brame et Groulois.

» Des merveilleux jardins dont François Watteau nous
» a retracé les perspectives riantes et dépeint les jolies
» promenades, il ne reste plus aujourd'hui que quelques
» beaux arbres, l'île bordée de peupliers et le petit temple
» antique dont je vous envoie la photographie.

» La divinité qui dans ce séjour enchanteur préluda à
» tant de fêtes, de danses et de jeux folâtres, l'*Amour
» silencieux* s'est lui-même enfui, effrayé par le bombar-
» dement de Lille de 1792 et par l'ouragan révolu-
» tionnaire. »

Ces deux documents prouvent que les plans et dessins du Colisée ont été détruits ; nous sommes heureux de pouvoir reproduire ce qui en reste et nous adressons nos remerciements aux personnes qui ont bien voulu nous les communiquer.

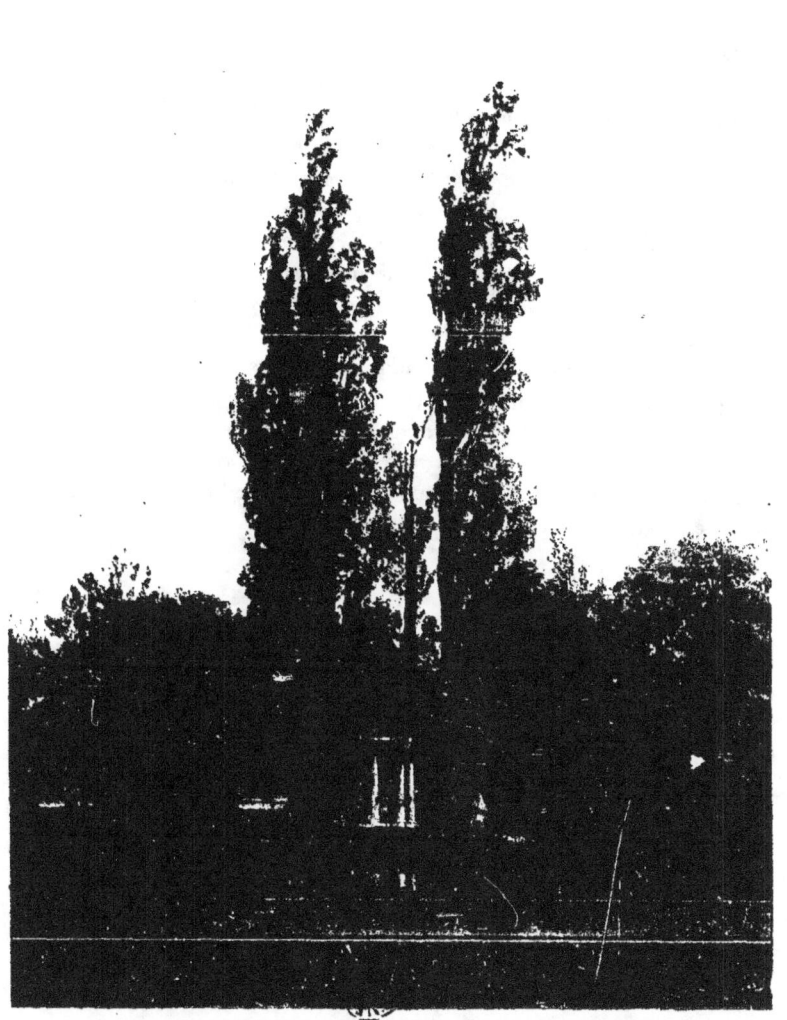

ILE BORDÉE DE PEUPLIERS ET PETIT TEMPLE ANTIQUE
dernier vestige du Colisée.

Comme épilogue, nous reproduisons un article de l'*Écho du Nord* du 3 février 1888 :

« Le Conseil municipal de Lambersart, dans sa der-
» nière séance, a décidé à l'unanimité de donner à l'une
» des rues de Canteleu le nom de l'architecte du *Colisée*,
» et il a choisi, pour perpétuer la mémoire de François
» Verly, la rue la plus importante de l'agglomération :
» la section de la route de Dunkerque comprise entre le
» pont de Canteleu et la rue Dumoulin. François Verly
» est le grand-oncle de notre rédacteur en chef.

» Dans le quartier des villas récemment créé par
» l'intelligente initiative de M. Edm. Ory et de l'hono-
» rable famille Groulois, plusieurs autres dénominations
» de voies publiques contribueront à conserver le sou-
» venir du *Colisée* : l'avenue créée au bord même de la
» Deûle portera le nom de boulevard Soubise, et deux
» autres voies sont intitulées : boulevard du *Colisée* et
» avenue Watteau. »

PIÈCE JUSTIFICATIVE

Description du Colisée du Pont de Canteleu.

Les Arts & les Sciences sont tous enfants du génie, ils sont tous inséparablement attachés : de là vient qu'il faut pour exceller, que le peintre, que le sculpteur soit poëte, le poëte peintre, le musicien l'un & l'autre. L'architecte de même, possédant théoriquement tout le système des arts, en les plaçant avec goût, il fait par une heureuse économie jetter la variété & répandre un charme durable sur ce qu'il invente. Pour l'homme de goût, un terrain uniforme & nivelé, est toujours insipide & monotone ; il aime à voir la nature dans toute son aspérité ; il aime à la contempler dans ses variétés & dans les sites montueux qu'elle se plaît à former. Il est plus agréable de voir les roses croître au milieu des ronces & des épines, que de les voir élevées & cultivées par l'homme ; la nature ne contraint rien de ce qu'elle produit ; elle laisse tout croître dans le plus bel abandon. Les arts sont donc une imitation de la nature, quand ils sont marqués du sceau de la perfection ? Si les artistes & les savants trouvent une partie de leur récompense dans le succès de leurs veilles ; vrais amans de la gloire, quand ils se voient couronnés : un autre prix non moins doux pour eux les attend, c'est l'estime des vrais connaisseurs & des gens de goût. Nous nous plaisons à rappeler à nos lecteurs que l'amour des arts s'étend de plus en plus dans cette Capitale, d'ailleurs puissante par l'étendue de son commerce & recommandable à tant d'autres égards.

Nous avons annoncé le Colisée, ou jardin anglais, comme un chef-d'œuvre ; en effet, nous ne pouvons rien dire qui ne soit au-dessous du mérite que les amateurs des arts y trouveront. L'ensemble, la précision des détails, le caractère de chaque chose ; leur parfaite exécution ; les situations pittoresques ; l'élégance, le charme inconcevable répandu dans tous les objets. Ce monument précieux, dû en partie à l'amour des arts, est le premier qui se soit conçu & exécuté dans une province. Bordeaux, Lyon, Marseille, Paris, Londres même, n'offrent point d'exemples de jardins pittoresques de cette élégance & de cette variété, qui ne laisse jamais refroidir le spectateur. L'homme frivole voit à chaque instant s'y multiplier les plaisirs. L'observateur philosophe y trouve des détours solitaires & couverts d'ombrages, où il peut promener ses douces rêveries. Porte-t-il son attention sur un temple, à l'instant même la poésie enchanteresse rappelle dans sa mémoire que la mère des amours en avait de semblables à Gnide, à Amathonte, à Paphos. Veut-il s'arrêter à ses idées riantes, ses regards rencontrent un pavillon qui les lui fait abandonner ; ce dernier objet fait place à un autre : c'est la distribution des canaux, dont les rives fleuries rappellent ce que les Poètes nous ont dit de plus séduisant des bords du Méandre et du Lignon. Ici, est un pont d'une construction étrangere & hardie, dont le contraste à l'instant se fait sentir dans un autre pont d'une forme inégale & rustique, qui, dans une direction opposée, semble en remplacer un troisième qui parait s'être écroulé sur lui-même. Plus éloigné sur un canal serpentant, se trouve un pont étrusque présentant deux lances d'acier de chaque côté, & une couverture ingénieuse en forme de tente allongée. Ce pont donne passage à une autre partie du jardin, dans laquelle on ne saurait arriver qu'après un allongement de chemin. Là on aperçoit une île bordée de peupliers au milieu desquelles est un tombeau, mais qui ne rappelle que des idées consolantes, les cœurs sensibles entourés de toutes parts dans cet Elisée, du bruit des fêtes & des concerts, se rappelleront un père, un ami, une épouse chérie ; ils paieront, en passant, le tribut à la mémoire de ceux qui leur furent chers. Remplie de cette idée, l'imagination fera de ce séjour enchanté un autre Ermenonville, où repose un autre Rousseau. La statue de l'amour silencieux que l'on y voit placé, semble dire: *Chut, il repose ;*

n'éveillez pas notre ami. Ainsi le célèbre Poussin, dans un tableau au milieu de jeux folâtres & des danses de bergers, mit un tombeau avec cette touchante inscription : *Et moi, je fus aussi bergère en Arcadie*. Placer un tombeau dans un lieu où l'on se livre à la joie, l'idée en est sublime ! rien ne saurait l'égaler...... C'est au Poussin qu'on le doit.

En quittant ce lieu & repassant le pont, on trouve sur la gauche la statue de Bacchus; ce Dieu semble annoncer que cet endroit est son domaine. En effet, c'est là que l'on lui sacrifie : dans une maison rustique, soutenue d'un côté par des arcades & de l'autre étayée par des poteaux. On est agréablement surpris de trouver un sallon d'une belle architecture doré & décoré de superbes tableaux. La pièce opposée est une chambre montrant un contraste, la décoration d'une véritable chaumière. C'est le luxe à côté de la pauvreté, l'idée en est belle; elle est dans la nature, les modèles ne pouvaient pas manquer. Malheureusement *pour le meilleur des mondes possibles*, on ne saurait faire un pas sans les y rencontrer. Au-dessus des deux pièces du rez-de-chaussée est un salon cintré occupant toute la longueur du bâtiment ; on se voit sous un beau ciel et environnez de tout côté de verdure & de fleurs. Il semble que *Gessner*, ce grand peintre de la nature en ait lui-même donné le plan & dirigé l'exécution tant elle est remplie de fraîcheur & de goût.

Abandonnant ce lieu, on trouve une très longue allée d'arbres. Sur le côté droit, sont une glacière & un kiosque sur un monticule de laquelle on descend par une rampe douce qui conduit jusqu'au bord du grand bassin. Sur la gauche est un petit bois rempli d'une infinité de petits chemins sinueux, à travers lesquels on rencontre une statue de l'amour, & ce n'est pas sans peine que l'on arrive aux pieds de ce Dieu presque méconnu aujourd'hui, il semble s'être lui-même relégué dans cette retraite obscure & paisible ; que les vrais amans sans l'y appercevoir encore, devineront qu'il doit y être & iront lui adresser leurs soupirs & leurs vœux.

C'est de là que l'on brûle de parcourir en détail la grande rotonde du Colisée: elle est soutenue par des colonnes pratiquées dans une grotte très fraîche dont le grand bassin baigne l'entrée; au milieu de cette grotte est un rang de colonnes entourées par la base d'un treillage qui garantit la verdure & les fleurs placées dans les entre-colonnements. Au centre de cette grotte est un bassin d'où s'élève un piedestal surmonté de trois figures pasiatides soutenant une grande coupe qui jette l'eau en nappes dans le bassin. Ce qui, en répandant une douce fraîcheur, forme le murmure le plus agréable. L'entrée de cette grotte est pratiquée dans un immense rocher, dont les sommités menaçantes sont couvertes de verdure, d'arbres renversés & de trous qui, à l'œil n'offrent plus qu'une caducité sans nulles traces de leur ancienne vigueur. Le rocher qui masque la grotte par intervalle, ainsi que le bas de la rotonde reçoit les eaux qu'un moulin fait monter sur un aqueduc élevé qui vient s'y joindre; ces eaux, du haut de cette masse énorme de rocher, tombent d'un trait dans un grand bassin destiné aux joutes. Ce qui, joint à l'enchantement dans lequel le tout ensemble jette l'observateur, forment le tableau le plus imposant & le plus varié par la réfraction des objets dans les eaux. Le grand bassin est bordé par un demi-cintre de gradins de verdure, d'où l'on voit la chute d'eau & l'intérieur de la grotte sous le rocher. Des gradins de gazons, on passe sous les arcades de l'aqueduc & au pied du moulin, que l'on laisse après avoir remarqué sa forme & l'adresse de son exécution. C'est en cet endroit que l'on rejoint le simulacre d'Hébé, Déesse de la Jeunesse: statue connue, mais fort belle & d'un superbe travail. Cette jeune déesse, placée près d'un grand sallon de bal, semble présider aux fêtes & présenter la coupe aux amans du plaisir. Plus loin, on voit un jeu de bague d'une forme nouvelle & plaisante; les moyens de le faire tourner sont invisibles au dehors. On monte à ce jeu par des gradins de gazon; il est composé de quatre têtes chinoises en piveau montant, qu'un seul chapeau en forme conique couvre; ces figures tiennent les rênes de deux aigles & de deux cignes; les aigles pour les hommes & les cignes pour les dames. A côté de ce jeu on voit une chaumière pour servir de laiterie, plus loin, un jardin en labirinthe au milieu duquel est une statue d'Appoline antique. En se rapprochant de la rotonde, est une pyramide fort élevée & de la plus belle forme, entourée d'une grille & de bans de verdure &, à quelque distance, sur le côté, une salle de spectacles de gazon plantée d'ifs & de sapins.

Après avoir vu l'extérieur de la rotonde on y entre soit par les degrés qui s'élèvent au-dessus de l'entrée de la grotte & qui laissent en avançant un intervalle entr'elle & le rocher, soit du côté du jeu de bague par un vaste perron circulaire. Cette salle de bal, de forme ronde est immense & magnifiquement décorée. Eclairée largement par le milieu du plafond, elle reçoit encore la lumière de toutes les croisées. Tous les panneaux sont en glaces, décorés par des bordures de touffes de fleurs. Les cintres des croisées & des portes sont ornées de draperies & de franges, artistement retroussées le long des panneaux de glaces qui vont se terminer en arabesques au-dessous de la corniche. Partout, la peinture se montre d'une manière digne d'elle. Le haut de la rotonde où l'on monte par deux escaliers d'une forme originale & hardie, composé d'une galerie fort large avec une balustrade légère de dessin, mais solide d'assemblage & du meilleur goût. Cette galerie prend le même espace en dehors & se trouve bordée d'une grille dont le dessin est ingénieusement varié partout. C'est de cette galerie que l'on jouit du coup d'œil le plus ravissant & le plus varié ; on voit toute la ville & la citadelle à découvert & dans leur plus bel aspect : on jouit de la vue des campagnes & de toutes les richesses de la contrée. Le mélange heureux des prairies, des bois & des châteaux circonvoisins forme le tableau le plus imposant qu'il soit possible de voir. Enfin ce séjour enchanté est si heureusement situé qu'il semble que les belles campagnes qui l'environnent en fassent partie. Les jardins d'Armide et d'Aline décrits par le Tasse et l'Arioste ne sont plus des fictions, l'on conçoit, après avoir vu l'établissement que nous annonçons, que les deux poètes immortels ont pu rencontrer de semblables modèles.

Vainement ferions-nous des efforts dans l'art de la persuasion de ne rien oublier des objets tous intéressants qui s'y font remarquer. Les statues, les vases, les bustes de plusieurs grands personnages ; leur distribution qui paraît plutôt un effet heureux de la nature que la sage combinaison de l'art. Dans une salle de verdure, entourée de sapins plantés en triangle, sont les bustes d'Homère, Platon & Démosthènes. Ailleurs, ce sont ceux de Cicéron, Diogène, Aristote, Vitellius, Caracalla, Néron, Mithridate & Antinoüs, ou le Lantin. On trouve un jeu d'escarpolette d'une forme nouvelle & d'autres jeux encore ; des tentes, des parasols fixes, des barques décorées & dont les canaux sont garnis tant pour former des promenades sur l'eau que des joutes dans le grand bassin. Un autre objet bien intéressant, que nous ne nous pardonnerions pas d'avoir oublié; ce sont les plantations qui sont presque toutes étrangères & dont quelques unes sont rares. Elles ont un autre mérite, c'est d'être parfaitement bien distribuées. On y trouve le peuplier d'Italie, le sapin dans ses différentes espèces & de divers climats ; le pin, le marronnier de Lyon, l'orme gras d'Hollande, le laris, le platane du Nord, le platane du levant, le corrétier, le sycomore, le cornouiller, l'ébène, le prunellier, le tilleul hollandais, l'arbre de Judée, le mérisier, l'épine rouge, l'accasia rouge, le filaria & une infinité d'arbustes dont nous ne nous rappellerons pas les noms. Malgré l'étendue, la variété, la multiplicité des objets, leur parfaite exécution qui semble ne laisser rien à désirer dans une aussi belle partie de terrain, les projets sont de l'étendre encore si l'encouragement succède & vient appuyer les difficultés de l'entreprise.

Nous sommes bien persuadés que cet établissement fera infiniment d'honneur à cette province & à ceux qui en ont appuyé avec tant d'énergie l'exécution. Tout s'est fait sur les dessins & sous l'égale direction de MM. *Biarez* et *Verly*. Ces deux jeunes artistes estimables, qui ont fait une étude particulière de la bonne architecture dans le style des Anciens, méritent les plus grands éloges des gens de goût & des vrais connaisseurs qui verront ce chef-d'œuvre ; enfin tous les coopérateurs des différents genres se sont parfaitement entendus & la partie de la peinture traitée par MM. Joinnot & Vallin, peintres de Paris, ne mérite pas moins des éloges.

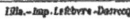

www.ingramcontent.com/pod-product-compliance
Lightning Source LLC
Chambersburg PA
CBHW030105230526
45471CB00003B/1259